LES PARABOLES DE JÉSUS en BD

Jean-François Kieffer • Christine Ponsard

Mame Edifa

Pour mieux se faire comprendre, Jésus utilise souvent des comparaisons, appelées "paraboles". Elles sont puisées dans la vie quotidienne des hommes et des femmes qui l'entourent. Tous savent en effet

qu'une brebis égarée est une catastrophe pour le berger,

qu'il faut beaucoup de soin et de patience au jardinier pour qu'un arbre porte des fruits,

qu'une fête est bien triste quand les invités refusent de s'y rendre,

qu'un enfant est malheureux quand il se sent seul et loin de son père.

Tous ceux qui, rassemblés autour de Jésus, entendent ces paraboles, comprennent alors un peu mieux que Dieu aime chacun d'entre eux,

comme le berger part à la recherche de sa brebis,

comme le jardinier veille
sur l'éclosion des fruits de son arbre,

comme celui qui convie et accueille à sa fête
tous ceux qui n'étaient pas sur sa liste,

comme un père qui ne cesse de guetter le retour
de son enfant.

Par ces paraboles, Jésus te fait découvrir que tu es aussi

cette petite brebis qui quelquefois s'éloigne du troupeau
et a besoin de l'appel du berger
pour rentrer au bercail,

ce bel arbre qui portera
beaucoup de fruit si tu te
laisses aimer par le Seigneur,

cet invité à la grande fête
où Dieu veut que
tous les hommes
soient réunis,

cet enfant qui se jette
dans les bras de son
père pour recevoir son
pardon.

LES OISEAUX
ET LES LIS
Matthieu 6, 25-34
Qu'allons-nous manger demain ?
Il faudrait que nous ayons plus d'argent...
Ne vous inquiétez pas...
Regardez les oiseaux du ciel...
Ils ne sèment pas et ne récoltent pas de grain pour le garder dans des greniers. Pourtant, notre Père du ciel les nourrit !

Et les lis des champs ! Regardez comme ils sont beaux : même le roi Salomon n'a jamais été aussi bien habillé !
Si Dieu s'occupe si bien des fleurs des champs et des oiseaux, ne va-t-il pas s'occuper de vous encore mieux ?
Ne vous inquiétez pas pour demain : votre Père prend soin de vous
Cherchez d'abord le Royaume de Dieu, et vous ne manquerez de rien !

LA MESURE BIEN TASSÉE

Luc 1, 31 et 37-38

Donnez, et vous recevrez !
Une bonne mesure, bien tassée...
Une mesure débordante, qui sera versée dans votre tablier !
Car la mesure dont vous vous servez pour les autres servira aussi pour vous.

LES DEUX MAISONS

Matthieu 7, 24-27

Mais la maison a tenu bon, puisqu'elle était bâtie sur le roc !
Et celui qui écoute mes paroles sans les mettre en pratique est comparable à un homme insensé, qui a bâti sa maison sur le sable.
La pluie est tombée, les torrents ont dévalé, la tempête a soufflé... et la maison s'est complètement écroulée !

LE BON GRAIN ET L'IVRAIE

Matthieu 13, 24-30

* Une mauvaise herbe

Quand le blé se met à pousser, l'ivraie apparaît en même temps.
D'où vient cette ivraie?
C'est un ennemi qui a fait cela !
Veux-tu que nous l'arrachions ?
Non, vous risqueriez d'arracher le blé en même temps !
Laissez-les pousser ensemble jusqu'à la moisson. Là, je dirai aux moissonneurs :
"Arrachez d'abord l'ivraie, et brûlez-la !
Puis récoltez le blé, et rentrez-le dans mon grenier."

LE TRÉSOR ET LA PERLE

Matthieu 13, 44-46

Ou encore, le Royaume des cieux est comme une perle de grande valeur.
Un marchand voit cette perle...
Il va vendre tout ce qu'il possède...
Et il achète la perle !

LE GRAIN QUI POUSSE TOUT SEUL

Marc 4, 26-29

La terre produit d'abord l'herbe, puis l'épi, puis du blé plein l'épi.

Quand le blé est mûr, on le coupe : c'est le temps de la moisson !

LE BON SAMARITAIN
Luc 10, 25-37
Pour embarrasser Jésus, un spécialiste de la Loi lui pose une question :
Maître, que dois-je faire pour avoir la vie éternelle ?
Qu'est-il écrit dans la Loi ?
"Tu aimeras le Seigneur ton Dieu de tout ton cœur, de toute ton âme, de toute ta force et de tout ton esprit, et ton prochain comme toi-même."
Tu as bien répondu. Fais ainsi et tu auras la vie !
Et... qui donc est mon prochain ?

Alors Jésus dit une parabole :
Un homme descendait de Jérusalem à Jéricho...
Il tomba au milieu de brigands qui, après l'avoir dépouillé et roué de coups, s'en allèrent, le laissant à moitié mort.

Un prêtre descendait par ce chemin. Il le vit, prit l'autre coté de la route et passa.
Puis arriva un serviteur du Temple. Il le vit, prit l'autre côté de la route et passa.
Mais un Samaritain en voyage arriva. Il le vit et fut touché de compassion.

Il s'approcha, banda ses plaies, y versant de l'huile et du vin...
...Puis le chargea sur son âne, le conduisit à l'hôtellerie et prit soin de lui.
Le lendemain, il donna deux deniers à l'hôtelier :
Prends soin de lui, et ce que tu auras dépensé en plus, c'est moi qui le paierai quand je reviendrai.

LE FIGUIER STÉRILE

Luc 13, 6-9

Il épuise la terre : coupe-le !
Maître, laisse-le encore cette année !
Je vais bêcher autour pour y mettre du fumier...
Il donnera peut-être du fruit à l'avenir !
Sinon, tu le couperas...

LA BREBIS PERDUE ET RETROUVÉE

Luc 15, 4-6

Pour faire comprendre à ses amis comment Dieu pardonne, Jésus leur raconte ceci :

S'il en perd une, il laisse les quatre-vingt-dix-neuf autres pour aller chercher celle qui est perdue.

Quand il l'a retrouvée, il est tout joyeux!
Il revient en la portant sur ses épaules.
Puis il appelle ses voisins:
Réjouissez-vous avec moi, j'ai retrouvé ma brebis!

LE FILS RETROUVÉ
Luc 15, 11-24
Jésus parle de la bonté de Dieu notre Père :
Un homme a deux fils...
Le plus jeune réclame sa part d'héritage.
Puis il part vers un pays lointain...
...où il gaspille tout son argent.

Quand il n'a plus rien, il va travailler chez un homme qui l'envoie garder les cochons.
J'ai trop faim! Je vais retourner chez mon père, et lui demander de me prendre comme ouvrier...
Il part donc pour revenir chez son père.
Alors qu'il est encore loin, son père l'aperçoit.
Père, j'ai péché contre le ciel et contre toi. Je ne mérite plus d'être appelé ton fils!

Mais le père appelle ses serviteurs :
Vite, apportez-lui le plus beau vêtement !
Tuez le veau gras, préparez un repas de fête !
Car mon fils était perdu, et il est retrouvé !
Et ils commencent la fête.
Quand le fils aîné revient de son travail, il entend la musique.
Que se passe-t-il ?
Ton frère est de retour, et ton père a fait tuer le veau gras !

Alors le fils aîné se met en colère.
Entre donc, mon enfant !
Non ! Car moi, je t'ai toujours obéi, et jamais tu ne m'as donné un chevreau pour faire la fête avec mes amis...
Et quand celui-là revient, après avoir gaspillé ton bien, tu fais tuer pour lui le veau gras !
Toi, mon enfant, tu es toujours avec moi, et tout ce qui est à moi est à toi...
Mais il fallait bien faire la fête : ton frère était perdu, et il est retrouvé !

LE SERVITEUR IMPITOYABLE
Matthieu 18, 21-35
Voici ce que Jésus nous dit pour nous apprendre à pardonner :
Un roi voulait régler ses comptes avec ses serviteurs…
Celui-ci te doit beaucoup d'argent !
Je n'ai pas de quoi te rembourser…
Je vais donc vendre tous tes biens !
Prends patience, je te rembourserai !
Va ! Tu ne me dois plus rien.

En sortant, le serviteur rencontra un ami qui lui devait un peu d'argent.
Rembourse-moi !
Prends patience, je te rembourserai !
Non ! Tu iras en prison !
Ses amis, pleins de tristesse, allèrent tout raconter au roi. Celui-ci fit appeler son serviteur :
Mauvais serviteur, pourquoi n'as-tu pas eu pitié de lui, comme j'avais eu pitié de toi ?
Et il le fit mettre en prison jusqu'à ce qu'il ait tout remboursé.
C'est ainsi que mon Père du ciel vous traitera si chacun de vous ne pardonne pas à son frère de tout son cœur !

LES DEUX FILS

Matthieu 21, 28-32

Le père vint trouver le second fils :
Mon enfant, va donc travailler à ma vigne !
Oui, tout de suite, père !
Mais il n'y alla pas !
Lequel des deux a fait la volonté du père ?
Le premier !
Eh bien, écoutez : quand Jean-Baptiste est venu vous demander de vous repentir, vous ne l'avez pas écouté. Des gens qui vivaient dans le péché ont changé de vie, eux. Malgré cela, vous ne vous êtes toujours pas repenti...

LE PHARISIEN ET LE PUBLICAIN

Luc 18, 9-14

Je jeûne deux fois par semaine et je donne le dixième de tout ce que je gagne...
Le publicain se tient à distance, et n'ose même pas lever les yeux vers le ciel.
Mon Dieu, prends pitié du pécheur que je suis !
C'est le publicain qui est devenu juste, et pas l'autre...
Qui s'élève sera abaissé ; qui s'abaisse sera élevé !

LES INVITÉS À LA NOCE
Matthieu 22, 1-10
Jésus explique comment Dieu nous invite dans son Royaume :
Un roi prépare une fête pour les noces de son fils...
Allez chercher les invités !
Le roi t'invite à la noce de son fils !
Non, je dois aller travailler dans mon champ !
Le roi t'invite à la noce de son fils !
Et mon commerce, alors ?
Le roi t'invite...
Va-t-en !

Personne n'a voulu venir !
Le repas de fête est prêt, mais les invités n'en étaient pas dignes...
Allez sur les chemins et invitez tous ceux que vous rencontrerez !
Les serviteurs vont sur les chemins et rassemblent tous ceux qu'ils rencontrent...
Et la salle de noce se remplit d'invités !

LES VIERGES SAGES
Matthieu 25, 1-13
Le Royaume des cieux ressemblera à dix jeunes filles invitées à des noces...
Elles ont pris leur lampe pour accueillir l'époux. Cinq ont pris de l'huile pour leur lampe, cinq ont oublié.
Comme l'époux tarde, elles s'endorment.
Au milieu de la nuit :
Voici l'époux ! Sortez à sa rencontre !
Nos lampes s'éteignent...
Donnez-nous de votre huile !

Il n'y en aura pas assez pour nous et pour vous... Allez plutôt en acheter!
Pendant qu'elles y courent, l'époux arrive...
Les jeunes filles qui sont prêtes entrent avec lui dans la salle des noces, et on ferme la porte.
Quand reviennent les autres...
Seigneur, ouvre-nous!
Non, je ne vous connais pas!
Veillez, car vous ne savez ni le jour ni l'heure!

LES TALENTS
Matthieu 25, 14-30
Jésus n'aime pas la paresse!
Avant de partir en voyage, un homme confie son argent à ses serviteurs...
Chacun reçoit une somme différente, selon ses capacités.
L'un a reçu cinq talents ; il en gagne cinq autres.
Un autre a reçu deux talents ; il en gagne deux autres.
Le troisième n'en a reçu qu'un seul ; il préfère l'enterrer.

Longtemps après, le maître revient.
Tu m'as donné cinq talents, en voici cinq autres !
Très bien, bon serviteur ! Entre dans la joie de ton maître !
Tu m'as donné deux talents, en voici deux autres !
Très bien, bon serviteur ! Entre dans la joie de ton maître !
J'ai eu peur de toi, j'ai enterré ton argent : le voici !
Serviteur mauvais et paresseux !
"Enlevez-lui son talent ! Donnez-le à celui qui en a dix ! Et jetez-le dehors !"

VEILLEZ !
Marc 13, 33-37
Quelques jours avant de mourir, Jésus parle de son retour...
Restez éveillés! Vous ne savez pas quand viendra le moment.
Imaginez un homme qui part en voyage...
Il confie la maison à ses serviteurs, donne à chacun son travail...
Au portier, il recommande de veiller.

* *À l'aube, à la pointe du jour*

LA VRAIE VIGNE

Jean 15, 1-8

* Les branches qui poussent sur la vigne

Je suis la vigne...
...et vous êtes les sarments.
Un sarment ne peut pas porter de fruit s'il ne demeure pas sur la vigne ! Vous non plus, si vous ne demeurez pas en moi.
Si vous demeurez en moi, si vous gardez mes paroles, demandez ce que vous voudrez, et vous l'obtiendrez.
La gloire de mon Père, c'est que vous donniez beaucoup de fruit !

TABLE DES MATIÈRES